Bibliografische Information der Deutschen Nationalbibliothek:

Die Deutsche Bibliothek verzeichnet diese Publikation in der Deutschen National-
bibliografie; detaillierte bibliografische Daten sind im Internet über http://dnb.d-
nb.de/ abrufbar.

Impressum:

Copyright © 2009 GRIN Verlag, Open Publishing GmbH
Druck und Bindung: Books on Demand GmbH, Norderstedt Germany
ISBN: 978-3-668-15065-2

Dieses Buch bei GRIN:

http://www.grin.com/de/e-book/315116/marktanalyse-open-source-erp-ueberblick-
ueber-open-source-systeme-des

Steffen Moritz

Marktanalyse Open Source ERP. Überblick über Open Source Systeme des Enterprise Resource Planning und ihre Anwendung in der Praxis

GRIN Verlag

GRIN - Your knowledge has value

Der GRIN Verlag publiziert seit 1998 wissenschaftliche Arbeiten von Studenten, Hochschullehrern und anderen Akademikern als eBook und gedrucktes Buch. Die Verlagswebsite www.grin.com ist die ideale Plattform zur Veröffentlichung von Hausarbeiten, Abschlussarbeiten, wissenschaftlichen Aufsätzen, Dissertationen und Fachbüchern.

Besuchen Sie uns im Internet:

http://www.grin.com/

http://www.facebook.com/grincom

http://www.twitter.com/grin_com

Marktanalyse Open Source ERP

Überblick über Open Source ERP Systeme und ihre
Anwendung in der Praxis

Autor: Steffen Moritz

Zusammenfassung

Open Source ist aus der heutigen Softwarelandschaft nicht mehr wegzudenken. Selbst im
Unternehmensbereich findet Open Source Software mittlerweile Verbreitung und es gibt
beispielsweise in den Bereichen CRM und BI mittlerweile einige ernstzunehmende
Alternativen zu proprietären Systemen. Vor diesem Hintergrund ist es interessant zu
betrachten, wie es mit Open Source Software in der Königsdisziplin der Business Software
aussieht, den ERP Systemen. Diese Ausarbeitung gibt einen Überblick, inwiefern OS ERP
Systeme tatsächlich eingesetzt werden und welche Systeme zur Verfügung stehen. Dabei wird
auch auf den Funktionsumfang und Limits der verfügbaren Systeme eingegangen. Insgesamt
gibt die Ausarbeitung einen guten Überblick über aktuellen Stand und Zukunftsaussichten von
Open Source ERP Systemen in den nächsten Jahren. Die Analyse gibt den Stand von 2009
wieder.

Inhaltsverzeichnis

1. Einleitung 3

2. Grundlagen 4

    2.1 Open Source 4

    2.2 Enterprise Resource Planning 5

3. Analyse Open Source Markt..6

    3.1 Open Source Verbreitung.. 6

    3.2 Eingesetzte Software 7

    3.3 Vorteile Open Source.. 8

    3.4 Hindernisse... 9

    3.5 Geschäftsmodell Anbieter 10

    3.6 Fazit 11

4. Analyse ERP Markt...12

5. Open Source ERP Markt 10

    5.1 Allgemeines 16

    5.2 Vorteile Open Source Systeme 18

    5.3 Nachteile Open Source Systeme 19

6. Vorstellung ausgewählter Open Source ERP Systeme 21

    6.1 Kriterien 21

    6.2 Compiere.. 23

    6.3 ADempiere 24

    6.4 Open ERP 26

7. Fazit 29

    7.1 Fazit 29

    7.2 Schlussworte 30

8. Literatur- und Quellenverzeichnis 31

    8.1 Literaturverzeichnis 31

    8.2 Quellenverzeichnis (Internet und Sonstige)... 31

    8.3 Abbildungen 34

1. Einleitung

Open Source ist aus der heutigen Softwarelandschaft nicht mehr wegzudenken. Alleine die Suche bei Google.de unter dem Keyword „Open Source" listet 226.000.000 Ergebnisse.[1] Die Google Suche nach News zum Thema Open Source ergibt 25.142 Nachrichtenbeiträge.[2] Auch im Unternehmensbereich findet Open Source Software mittlerweile Verbreitung und es gibt z.b. im Bereich CRM und BI Software mittlerweile einige ernstzunehmende Alternativen zu den proprietären Systemen.[3]

Vor diesem Hintergrund ist es interessant zu betrachten, wie es in der Königsdisziplin der Business Software aussieht, den ERP Systemen, ohne die kein größeres Unternehmen heute auskommt und die die gesamten Unternehmensprozesse steuern und abbilden und unterstützen.[4]

Besonders interessant sind die Fragen, ob es überhaupt schon marktreife Open Source ERP Systeme gibt, welchen Umfang diese haben, für welche Arten von Unternehmen diese einsetzbar sind und ob dies empfehlenswert für manche Unternehmen ist. Diese Fragen und weitere versuche ich in dieser Ausarbeitung aufzugreifen und zu beantworten.

Die Ausarbeitung ist so strukturiert, dass zuerst die Grundlagen zu den Begriffen „Enterprise Ressource Planning" und „Open Source" wiederholt werden. Es wird kurz darauf eingegangen, was man unter Open Source Software und was man generell unter einem ERP System versteht. Da für eine Marktanalyse des Open Source ERP Marktes sowohl die Lage auf dem Open Source als auch auf dem ERP Markt entscheidend ist, folgt nun zuerst eine Analyse der Situation und Zukunft des Open Source Marktes. Anschließend folgt eine Situationsanalyse des ERP Marktes. Anschließend, nachdem man sich ein Bild von diesen beiden Märkten gemacht hat, will ich genauer speziell auf den Open Source ERP Markt eingehen. Nach der Marktanalyse werden die Vor- und Nachteile eines Open Source ERP Systems in Vergleich zu einem proprietären ERP System beschrieben. Es folgt eine Auflistung der wichtigsten Kriterien für Open Source ERP Systeme und darauf wird eine Auswahl der vielversprechendsten Open Source ERP Systeme näher vorgestellt. Die Ausarbeitung wird mit Fazit und Zukunftsaussichten von Open Source ERP Systemen in den nächsten Jahren beendet.

---

[1] http://www.google.de/search?q=Open+Source [22.02.2010]
[2] http://www.google.de/news?q=Open+Source [22.02.2010]
[3] Vgl. Actuate, Internationale Open Source Umfrage 2009, S. 3, S. 10, S. 14
[4] Vgl. http://de.wikipedia.org/wiki/Enterprise_Resource_Planning [22.02.2010]

2. Grundlagen

2.1 Open Source

Unter Open Source Software versteht man gemeinhin Software, die quelloffen ist und unter einer von der Open Source Initiative anerkannten Lizenz publiziert wurde.

Abb. 1: Logo Open Source Initiative

Merkmale der Open Source Lizenzen:

- Die Software (Quelltext) liegt in einer für den Menschen lesbaren und verständlichen Form vor

- Die Software darf beliebig kopiert, verbreitet und genutzt werden. Weder Restriktionen bezüglich der Anzahl der Benutzer, noch bezüglich der Anzahl der Installationen. Keine Zahlungsverpflicht-ungen gegen einen Lizenzgeber.

- Die Software darf verändert und in der veränderten Form weitergegeben werden

Diese Charakteristika werden detaillierter in der Open Source Definition (OSD) der Open Source Initiative(OSI) festgelegt

Die bekanntesten OSI Lizenzen sind:

- GPL,LGPL
- BSD
- Mozilla Public License (MPL)
- Phyton Lizenz.[5]

Einige Open Source Programme sind mittlerweile weit verbreitet. Beispiele sind:

- FreeBSD
- Linux
- Eclipse
- Apache
- Tomcat Web Server
- Moodle
- Drupal

- Mozilla Firefox
- Mozilla Thunderbird
- OpenOffice.org
- OpenSolaris
- Symbian
- Mediawiki
- Joomla[6]

---

[5] Vgl. http://de.wikipedia.org/wiki/Open_Source [13.01.2010]
[6] Vgl. http://en.wikipedia.org/wiki/Open_Source [13.01.2010]

2.2 Enterprise Resource Planning

In diesem Kapitel soll ganz kurz erläutert werden, worum es sich bei Enterprise Ressource Planning Systemen handelt. Aufgrund der vermuteten Grundkenntnisse ist dieses Kapitel sehr überblickhaft gehalten.

Ein Enterprise Ressource Planning System kann so definiert werden:

„Ein ERP-System ist eine komplexe Anwendungssoftware zur Unterstützung der Ressourcenplanung eines gesamten Unternehmens."[7]

Hier eine weitere Definition:

„...Unter einem ERP System wird allgemein eine integrierte betriebswirtschaftliche Standardsoftware verstanden. Mit ihr lassen sich betriebswirtschaftliche Aufgaben aus den verschiedenen Bereichen eines Unternehmens (z.B. Finanzwesen, Produktion, Logistik, Personalwesen) IT gestützt bearbeiten."[8]

Ein ERP System umfasst in der Regel folgende Standard Funktionsbereiche:

- Materialwirtschaft (Beschaffung, Lagerhaltung, Disposition, Bewertung)
- Produktion
- Finanz- und Rechnungswesen,
- Controlling
- Personalwirtschaft
- Forschung und Entwicklung
- Verkauf und Marketing
- Stammdatenverwaltung

Je nach Unternehmensanforderungen werden noch branchenspezifische Erweiterungen oder aber je nach Unternehmensgröße mehr oder weniger Funktionen benötigt.[9]

Zu den größten Anbietern von ERP Systemen zählen unter anderem SAP, Oracle, Infor, Sage, Microsoft.[10] Im Kapitel „Analyse ERP Markt" wird später noch genauer auf die Marktsituation und die Anbieter eingegangen.

---

[7] http://de.wikipedia.org/wiki/Enterprise_Resource_Planning [13.01.2009]
[8] Hesseler, S.2
[9] Vgl. http://de.wikipedia.org/wiki/Enterprise_Resource_Planning [13.01.2009]
[10] Vgl. http://en.wikipedia.org/wiki/List_of_ERP_vendors [13.01.2009]

3. Analyse Open Source Markt

Im Folgenden wird nun zuerst einmal analysiert, wie die Marktchancen für Open Source Software im Allgemeinen stehen. Die Analyse basiert hautsächlich auf der Internationalen Open Source Umfrage von Actuate von 2009. Actuate steht hinter der Open Source Business Intelligence Lösung BIRT. Die Open Source Umfrage wird für Actuate jährlich von den unabhängigen Marktforschern von Survey Interactive durchgeführt. In der Umfrage von 2009 würden 1500 Personen aus den Branchen Finanzdienstleistungen, öffentliche Hand, Telekommunikation und Industrie in fünf Ländern (USA, Großbritannien, Frankreich, Deutschland und zum ersten Mal China) befragt.[11] Mit den Ergebnissen dieser Umfrage soll vor Allem ermittelt werden, wie das Marktumfeld für Open Source momentan aussieht, in welchen Unternehmensbereichen Open Source besonders eingesetzt wird und was positive Aspekte und was negative Aspekte für Open Source sind. Die Ergebnisse sollen genutzt werden um abzuschätzen, wie die Chancen für Open Source ERP Systeme stehen, was ja sehr umfangreiche und für die Unternehmen besonders wichtige Systeme sind.

3.1 Open Source Verbreitung

Bei der Open Source Verbreitung wurde gefragt, ob bereits Open Source Software in dem Unternehmen eingesetzt wird. Besonders bemerkenswert ist hierbei, dass in Europa das Potential von Open Source Software bereits früh erkannt wurde und Deutschland und Frankreich einiges vor Nordamerika liegen. An erster Stelle liegt Frankreich mit 67% der Unternehmen, die bereits Open Source nutzen. An zweiter Stelle folgt Deutschland mit 60,6% und abgeschlagen folgen Großbritannien und Nordamerika.[12]

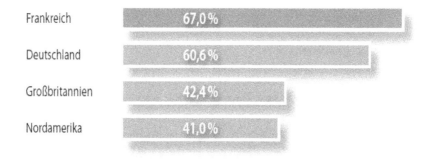

Frankreich — 67,0%

Deutschland — 60,6%

Großbritannien — 42,4%

Nordamerika — 41,0%

Abb. 2: Open Source Nutzung

---

[11] Vgl. Actuate, Internationale Open Source Umfrage 2009, S. 4
[12] Vgl. Actuate, Internationale Open Source Umfrage 2009, S. 4

Was uns diese Grafik nun über die Chancen von Open Source Software aussagt ist, dass Open Source Software in der Mehrzahl der Unternehmen ein Thema ist, bzw. sogar konkret eingesetzt wird. Was nun natürlich nicht viel über Open Source ERP Systeme aussagt, da z.B. die 67% bei französischen Unternehmen auch bei weit weniger wichtigen Softwares zustande kommen können, also beispielsweise beim weit verbreiteten Apache Web Server. Allerdings sagt die Statistik schon einmal aus, dass sich die Unternehmen mit Open Source Lösungen beschäftigen und auch keine Hemmungen haben diese teilweise auch einzusetzen.

3.2   Eingesetzte Software

Hier wurde gefragt, in welchen Bereichen im Unternehmen bereits Open Source Software eingesetzt wird (Mehrfachnennungen möglich). Zu sehen ist, am meisten wird Open Source Software bei Server Betriebssystemen (73,7%) gefolgt von Datenbanken (64,7%) und der Anwendungsentwicklung (60,9%) eingesetzt. Am wenigsten wird Open Source Software im Bereich Middleware (27,8%) gefolgt von Unternehmensanwendungen (32.3%) und Sicherheit (34.6%) ein-gesetzt.[13]

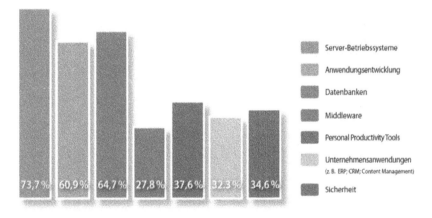

Abb. 3: Eingesetzte Software Deutschland

Wie an dieser Statistik zu sehen machen die Unternehmensanwendungen einen relativ geringen Anteil der eingesetzten Open Source Software aus. Hier auch zu sehen, ERP Anwendungen werden mit Content Management und CRM Anwendungen zusammengefasst, der reine ERP Anteil dürfte deswegen noch weit geringer sein. Es bleibt festzustellen, Open Source ERP Anwendungen werden in Unternehmen im Vergleich zu anderen Open Source Softwares bisher kaum eingesetzt.

---

[13] Vgl. Actuate, Internationale Open Source Umfrage 2009, S. 14

3.3 Vorteile Open Source

Es wurde gefragt, „Welche der folgenden Merkmale sind für Ihr Unternehmen die wichtigsten Vorteile von Open-Source-Technologie? (Mehrfachnennungen möglich)". Zu sehen am Ergebnis war, für die meisten Unternehmen (77,3%) waren die fehlenden Lizenzgebühren das Hauptkriterium für Open Source. Am zweithäufigsten wurde die Unabhängigkeit von kommerziellen Anbietern (59,5%) gefolgt von der Flexibilität (47,3%), dem Zugang zum Quellcode (41,4%) und dem Aufbau auf offenen Plattformen (40,5%) genannt. Als weitere Vorteile werden außerdem die Unabhängigkeit von Microsoft (27,3 %), die auf Standards basierte Technologie (27,3 %) und die Community genannt.[14]

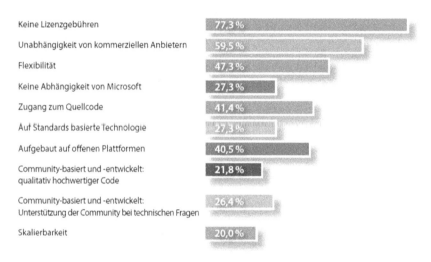

Abb. 4: Wichtigste Vorteile von Open Source (Deutschland)

Dass die meisten Befragten die fehlenden Lizenzgebühren als wichtigsten Vorteil von Open Source Software sehen ist nicht unbedingt positiv für Open Source ERP Systeme, da hier im Vergleich zu den anderen Softwares die Lizenzgebühren einen recht kleinen Anteil an den Gesamtkosten ausmachen.[15] Für viele andere Softwares fallen im Gegensatz zu ERP Systemen weder Schulungs-, noch Einführungs-, noch hohe Betriebskosten an, weil eine geringere Komplexität vorliegt und weniger Anwender angesprochen werden. Der zweitwichtigste Punkt, die Unabhängigkeit von kommerziellen Anbietern ist auch nicht unbedingt eine Stärke der Open Source ERP Systeme, da hinter den meisten derartigen Softwares eine einzelne Firma steht, die die Entwicklung und Updates vorantreibt, was später auch im Kapitel Open Source ERP erläutert wird. Auch die Community Argumente, die hier nicht so weit vorne gerankt werden treffen wie auch später noch im Kapitel Open Source ERP erläutert wird nicht für jedes Open Source ERP System zu.

---

[14] Vgl. Actuate, Internationale Open Source Umfrage 2009, S. 16
[15] Vgl. http://www.computerwoche.de/heftarchiv/1998/49/1095450/ [25.02.2010]

3.4   Hindernisse

„Welche Hindernisse stehen Ihrer Meinung nach der Einführung von Open-Source-Technologien in Ihrem Unternehmen im Wege? (Mehrfachnennungen möglich)", war die Frage für die untenstehende Grafik. Die größten Hindernisse, die der Einführung von Open-Source-Technologien nach Meinung der Befragten im Wege stehen, sind das Fehlen von langfristigem Support (56,2%), die Inkompatibilität zu vorhandenen Anwendungen/Daten (54,3 %), keine langfristige Wartung (48,4 %) und unklare Haftungsregelungen (47,5 %).[16]

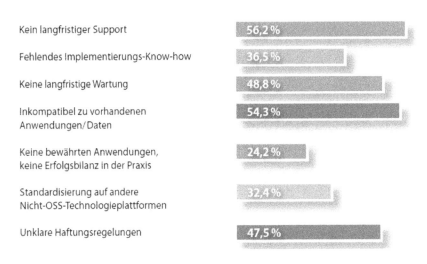

Abb. 5: Hindernisse für Open Source Einführung Deutschland

Die Haupthindernisse die hier genannt werden Support und Wartung treffen nicht besonders auf die Open Source ERP Systeme zu. Meistens stehen einzelne Unternehmen hinter bestimmten Open Source ERP Anwendungen, deren Geschäftsmodell Wartungs- und Supportverträge sind. Die Inkompatibilität ist auch kein besonderes Problem, dieses Problem ähnlich bei proprietären ERP Anwendungen auf. Ein Problem könnte eher die Haftungsfrage werden, die auch sehr hoch gewertet wird, da im ERP Bereich viele Compliance Maßnahmen gefordert sind.[17] Der hier gering gewertete Punkt „keine Erfolgsbilanz in der Praxis" ist bei den ERP Systemen wie man später im Kapitel Open Source ERP sehen kann ein entscheidender Faktor, da es momentan einfach noch zu weniger Open Source ERP Systeme im produktiven Einsatz gibt.

---

[16] Vgl. Actuate, Internationale Open Source Umfrage 2009, S. 16
[17] Vgl. http://www.computerwoche.de/subnet/hp-intel/1892243/index2.html [22.02.2010]

Dem Thema Hindernisse nahe ist die Frage an die Unternehmen, die keine Open Source Software einsetzen und auch keine Einführung planen, warum eine Einführung nicht geplant ist. Hier wurde am Häufigsten genannt, dass Open Source Software als Risiko betrachtet wird (38,8%) gefolgt davon, dass im Moment kein Bedarf besteht (33,3%) und noch nicht näher darüber nachgedacht wurde (27,8%).[18]

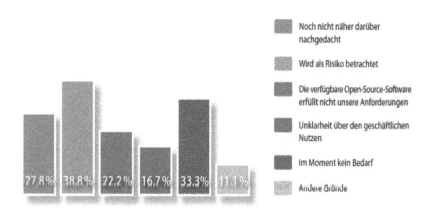

Abb. 6: Gründe gegen Open Source Einführung Deutschland

Was hier als wichtigster Punkt gegen eine Open Source Einführung genannt wird, das Risiko dürfte speziell beim Open Source ERP noch viel wichtiger sein. Denn im ERP System werden ja wichtige Compliance Aufgaben, Finanzprozesse und Geschäftsprozesse umgesetzt. Fehler hier könnten kritisch für das ganze Unternehmen sein. Wichtiger Grund, der bei den Open Source ERP Systemen auch stärken sein dürfte als hier der Durschnitt ist, dass die Anforderungen nicht erfüllt werden. Die meisten ERP Systeme haben Umfang, den die Open Source Varianten noch nicht ganz erreichen. Mehr hierzu im Kapitel Open Source ERP.

3.5 Geschäftsmodell Anbieter

Die Frage" Wie sollte das Geschäftsmodell Ihres Anbieters von Open-Source-Software am besten aussehen?" ergab das untenstehende Diagramm. Zu sehen ist, die Hälfte der Befragten (50,2 %) würden gerne ein Service-/Support-Geschäftsmodell der Open Source Anbieter sehen. Weiter auf der Wunschliste stehen Embedded Software (10,5 %) und individuelle Entwicklung (10,0 %). 4,1 % favorisieren ein Software-as-a-Service-Modell, 2,7 % würden Embedded Hardware vorziehen. Ein Fünftel (20,1 %) äußert keinerlei Präferenzen.[19]

---

[18] Vgl. Actuate, Internationale Open Source Umfrage 2009, S. 13
[19] Vgl. Actuate, Internationale Open Source Umfrage 2009, S. 20

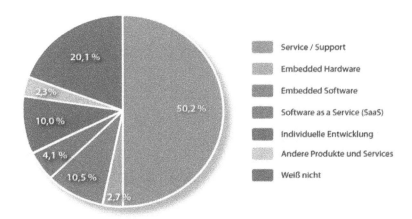

Abb.7: Bevorzugtes Geschäftsmodell des Open Source Anbieters Deutschland

Hier ist zu sehen, dass als Geschäftsmodell des Anbieters ganz klar Service/ Support bevorzugt wird. Dies ist auch das Geschäftsmodell der meisten Open Source ERP Anbieter. Ansonsten kommen nur teilweise SaaS und kostenpflichtige Professional Versionen als Geschäftsmodelle vor wie man im Kapitel Open Source ERP noch lesen kann.

3.6 Fazit

Was man anhand der Open Source Studie erkennen kann, sind die Voraussetzungen für Open Source Software in Unternehmen im Allgemeinen nicht schlecht. Open Source wird auch schon in vielen Unternehmen eingesetzt. Allerdings kann man auch erkennen, dass im Bereich ERP Open Source Software noch nicht so weit verbreitet ist, wie in anderen Bereichen. Gerade auch aus den Punkten die für Unternehmen gegen Open Source sprechen kann man erkennen, dass es Open Source ERP Systeme auch schwerer haben sich durchzusetzen als Softwares aus anderen Bereichen. Gerade das Bedürfnis der Unternehmen nach Risikoreduzierung und Service und Support fällt auf. Ganz ohne die Erfüllung dieser Punkte durch Open Source ERP Systeme zu beurteilen, ist klar, dass diese Punkte erhebliche Wechselhemmnisse sein können. Vor Allem das Risiko spielt die entscheidende Rolle. Im Gegensatz zu anderen Anwendungen und es nicht möglich ohne erhebliches finanzielles Risiko den produktiven Einsatz eines ERP Systems auszuprobieren. Das finanzielle Risiko geht hierbei bis zu einem Konkurs. Allerdings kann man auch anhand dieser Studie sagen, dass definitiv ein Markt da ist für Open Source Alternativlösungen zu proprietären Produkten und auch viele Unternehmen diesen schon nutzen.

4. Analyse ERP Markt

Der ERP Markt ist aus mehreren Gründen für neue Anbieter ein sehr schwieriger:

1. Viel Konkurrenz
2. Dominante Marktführer
3. Hohe Wechselkosten
4. Gesättigter Markt
5. Lange Laufzeiten der Systeme
6. Hohe Entwicklungskosten
7. Schlechte Vertriebswege
8. Mangelnde Bekanntheit
9. Viel länderspezifischer Anpassungsaufwand

1. Viel Konkurrenz

Das Angebot an bestehenden ERP Systemen ist sehr umfangreich, alleine im deutschsprachigen Raum sind weit über 200 Produkte verfügbar, die grundsätzlich für einen Einsatz zur Unterstützung der unternehmensspezifischen Geschäftsprozesse in Frage kommen.[20] Andere Quellen sprechen von ca. 250 Anbietern alleine für den Mittelstand in Deutschland.[21]

Hierzu eine Grafik, wie sich der Umsatz auf dem ERP Markt in Deutschland aufteilt:

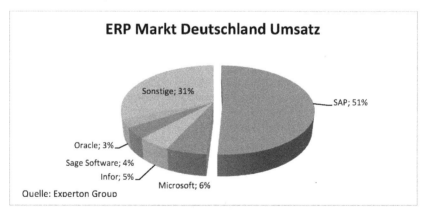

ERP Markt Deutschland Umsatz

Sonstige; 31%

SAP; 51%

Oracle; 3%

Sage Software; 4%

Infor; 5%

Microsoft; 6%

Quelle: Experton Group

Abb. 8: ERP Software Marktanteile Deutschland 2008 nach Umsatz.

---

[20] Vgl. Fandel S. 2
[21] Vgl. Hesseler S.54

Wie man leicht erkennen kann, hat SAP 51% des Gesamtumsatzes inne, der fünft größte Anbieter Oracle schon nur noch 3%. Die restlichen 31% bleiben für die ca. 245 verbleibenden Anbiete. Daraus lässt sich leicht schließen, dass der Marktanteil von so manchem Anbieter relativ gering ausfällt. In Bezug auf Open Source Produkte müsste man allerdings bei solchen Statistiken immer bedenken, dass in der Statistik der Umsatz der Hersteller mit ihren Produkten gemessen wird. Da Open Source Produkte allerdings kostenlos verfügbar sind, könnte es theoretisch sein, dass viele Unternehmen ein Open Source Produkt nutzen, es aber nicht in der Statistik auftaucht. Da allerdings in der Statistik der komplette Umsatz inklusive Wartung und Support gemessen wird ist dies sehr unwahrscheinlich, da kaum ein Unternehmen bei ERP Systemen auf Wartungs- und Supportverträge verzichten kann.

2. Dominante Marktführer

Hierzu noch eine weltweite Statistik für den Mittelstand:

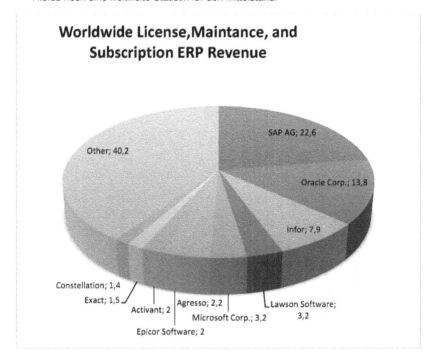

Abb. 9: ERP Anbieter Mittelstand

Auch hier zu sehen, der 10t größte Anbieter hat gerad einmal noch einen Marktanteil von 1,4%. Wenn man bedenkt, dass es alleine für Deutschland ca. 250 Anbieter für den Mittelstand geben soll, wird klar, dass es viele Nischenanbieter mit wenig Marktanteil geben muss.

3. Hohe Wechselkosten

Da eine ERP Neueinführung mit hohen Kosten für Softwarelizenz, Beratung, Schulung, Anpassung und Hardware verbunden ist und zudem immer noch ein gewisses Risiko vorhanden ist, ist die Wechselbereitschaft bei den Unternehmen nicht besonders groß.[22]

4. Gesättigter Markt

Vor Allem im Bereich der Großunternehmen ist der Markt für ERP Neuanschaffungen bereits gesättigt. Die meisten Unternehmen haben bereits ein ERP System und die Umsatzmöglichkeiten liegen eher bei Erweiterungen und Zusatzfunktionalitäten. [23] Im Mittelstand und bei den Branchenlösungen ist teilweise noch Bedarf vorhanden.[24]

5. Lange Laufzeiten der Systeme

Hat ein Unternehmen erst einmal ein ERP System angeschafft, läuft dieses System im Normalfall aufgrund der recht hohen Wechselkosten in der Regel mehrere Jahre.[25]

6. Hohe Entwicklungskosten

Für die Entwicklung eines umfangreichen ERP Systems fallen hohe Entwicklungskosten an. Um ein System mit dem Umfang wie es z.b. SAP hat zu entwickeln braucht es einige Zeit und damit auch einiges an Kapital.

7. Schlechte Vertriebswege
Im Gegensatz zu den Marktführern fehlen den Neueinsteigern noch Supportpartner und Vertriebspartner.

8. Mangelnde Bekanntheit

Bei den oben genannten ca. 250 Anbietern für ERP Systeme für den Mittelstand ist es schwer als neuer Anbieter eine ausreichende Bekanntheit zu erreichen. Selbst für eine Neueinführung ist es einem Unternehmen nicht sinnvoll, alle 250 ERP Systeme genauer zu analysieren, meist beschränkt man sich auf 5 Systeme die intensiver betrachtet werden.[26] Dieser Umstand bedeutet einen massiven Vorteil für die bereits etablierten Marktführer.

---

[22] Vgl. http://en.wikipedia.org/wiki/Enterprise_resource_planning [22.02.2010]
[23] Vgl. Hesseler S. 53
[24] http://www.monitor.co.at/index.cfm/storyid/12146_Marktentwicklung-ERP-Trends_2010+ [25.02.2010]
[25] Vgl. http://en.wikipedia.org/wiki/Enterprise_resource_planning [22.02.2010]
[26] Vgl Hesseler S. 69

9. Viel länderspezifischer Anpassungsaufwand

Durch länderspezifische Compliance Vorschriften, sprachliche Anpassungen und andere Anpassungen wie z.B. Währung entsteht den Herstellern viel Aufwand, das ERP System dem jeweiligen Land anzupassen. Die Marktführer haben es damit erheblich einfacher als kleinere Hersteller, für die eine Anpassung wegen der relativ kleinen Kundenanzahl meist kaum lohnt.

5. Open Source ERP Markt

5.1 Allgemeines

„Komplexe Geschäftsanwendungen auf Open-Source-Basis sind in Deutschland eine Ausnahmeerscheinung – dennoch gibt es sie."

iX Ausgabe 07/2009, Seite 66

Dieses Zitat aus der iX trifft die Situation am Open Source ERP Markt ganz gut. Nach meinen Recherchen dürfte es ca. 25 verschiedene Open Source ERP Systeme geben. Eher noch einige Systeme mehr, wobei dann teilweise aufgrund des Funktionsumfangs die Bezeichnung ERP System fraglich ist. Allerdings viele produktiv laufende Anwendungen gibt es nicht. Viele der Open Source ERP Systeme sind produktiv gar nicht im Einsatz bzw. es findet sich auf den Webseiten der Systeme keinerlei Hinweis hierzu. Festzustellen ist, dass keines der Open Source Systeme eine wirklich nennenswerte Verbreitung hat. Die Open Source Systeme zielen mit Ihrem Angebot meist auf die kleinen und mittleren Unternehmen ab. Über den Open Source Markt als Ganzes sind nicht viele Informationen zu finden. Informationen findet man in den wenigen Artikeln wie dem aus der iX aus dem das Zitat oben stammt, in dem eine kleine Auswahl an Open Source ERP Systemen verglichen wird oder aber direkt auf den Herstellerseiten. Hinter eigentlich fast jedem Open Source ERP steht ein zentraler Hersteller, der die Entwicklung vorantreibt. Das Geschäftsmodell basiert meist auf einer kostenlosen aber abgespeckten Community Edition, die man gegen Lizenzgebühren zu einer Professional Edition upgraden kann. Ansonsten finanzieren sich die Hersteller über Wartungs- und Supportverträge und SaaS Lösungen.

Fakten Open Source Markt:

Zielmarkt:	Kleine, mittlere Unternehmen
Anzahl Open Source Systeme:	Ca. 25
Anzahl für ernstzunehmenden produktiven Einsatz geeignet:	Ca. 8
Erstes Open Source ERP System:	Compiere, 1999
Marktanteil Open Source am ERP Markt:	?
Meistgenutztes Open Source ERP System:	?

Wie man hier bei den Fakten sehen kann ist leider wenig über den Gesamtmarkt bekannt. Die hier vorgestellten Daten wurden selbst recherchiert. Was bemerkenswert ist, ist dass es das erste Open Source ERP System schon seit 1999 gibt. Was auch noch zum Open Source ERP Markt anzumerken ist, dass es recht häufig Abspaltungen(Forks) von bestehenden Projekten gibt. Dadurch dass der Source Code offen ist, ist es leicht das System nach eigenen Wünschen weiterzuentwickeln. Für Compiere gibt es z.B. mit AdEmpiere, openbravo, Kompiere und ER/Box mittlerweile einige Forks.[27] Was natürlich dann die Nutzerzahl des eigentlichen

---

[27] Vgl. http://de.wikipedia.org/wiki/Compiere [25.02.2010]

Systems wieder verringert. Im folgendem möchte ich eine kleine Übersicht geben und einmal die bekanntesten Open Source ERP Systeme mit Link zur Homepage nennen.

Hier einige bekannte Open Source ERP Systeme:

Abb. 10: Logo Compiere
www.compiere.com

Abb. 11: Logo Adempiere
www.adempiere.com

Abb. 12: Logo openbravo
www.openbravo.com

Abb. 13: Logo Open ERP
www.openerp.com

Abb. 15: Logo ERP 5
www.erp5.com

Abb. 14: Logo opentabs
http://opentabs.org

Abb. 16: Logo Apache OfBiz
http://ofbiz.apache.org

Abb. 17: Logo Tryton
www.tryton.org

Abb. 18: Logo JFire
www.jfire.org

Abb. 19: Logo SQL Ledger
www.sql-ledger.org

Abb. 20: Logo web erp
www.weberp.org

Abb. 21: Logo xTuple
www.xtuple.com

Abb. 22: Logo Lx Office
www.lx-office.org

Abb. 23: Logo Project open
www.project-open.com

Abb. 24: Logo Open Suite
www.opensuite.com

Abb. 25: Logo OpenPro
www.openpro.com

5.2 Vorteile Open Source Systeme

- Vorteile durch fehlende Lizenzkosten

Der Hauptgrund warum Unternehmen auf Open Source setzen sind die Ersparnisse durch die nicht vorhandenen Lizenzkosten. Allerdings muss man anmerken, dass die Lizenzkosten nach TCO bei ERP Systemen nur einen geringen Anteil ausmachen. Was die Kostenersparnisse etwas relativiert. Allerdings muss man auch anmerken, dass Open Source ERP System in höherem Maß auf andere Open Source Anwendungen setzten, z.b. Postgre als Datenbank, wodurch weitere Lizenzkosten gespart werden.[28]

- Theoretisch Hersteller Unabhängigkeit

Ein weiterer Vorteil von Open Source ERP Systemen ist zumindest theoretisch die Herstellerunabhängigkeit. Dieses Argument ist aber eher kritisch zu sehen, zum einen, weil meist ein einzelnes Unternehmen hinter einem Open Source ERP System steht, das fast alle Entwicklungsarbeit macht, zum anderen, weil kaum ein Unternehmen die nötigen Ressourcen hat ein ERP System selbstständig weiterzuentwickeln. Allerdings sei hier auch ein Fall genannt in dem dies stattfand, so hat sich z.b. ein Teil der Compiere Community wegen Meinungsverschiedenheiten über die weitere Entwicklung abgespalten und entwickelt nun Adempiere.

- Oft basierend auf anderen OS Komponenten

Wie auch schon bei den Lizenzkosten erwähnt nutzen die Open Source ERP Systeme im Vergleich zu der proprietären Konkurrenz öfter andere Open Source Produkte z.b. Postgre als Datenbank. Allerdings kann man dies nicht verallgemeinern, es gibt auch Open Source Hersteller die keine Open Source Datenbank unterstützen.

- Moderne Web-Technologien, offene Standards

Viele der ERP Systeme basieren auf Java, viele sind Web Basiert und nutzen offene Standards. Durch die noch geringe Kundenanzahl und dadurch, dass teilweise keine Verpflichtungen gegenüber dem Kunden bestehen, können auch öfters neue Releases veröffentlicht werden.

---

[28] Vgl. http://www.computerwoche.de/heftarchiv/1998/49/1095450/ [25.02.2010]

5.3 Nachteile Open Source Systeme

- Haftung, Weiterentwicklung, Service

Oft ist bei Open Source Systemen nicht klar, wer für Wartung, Weiterentwicklung und Haftung aufkommt. Was von diesen drei Punkten abgedeckt ist, entscheidet sich je nach Geschäftsmodell des Open Source Anbieters. Man muss unterscheiden, steht ein Unternehmen hinter dem Open Source ERP System oder entwickelt hier eine Community. Und man muss unterscheiden, je nachdem welches Geschäftsmodell das Unternehmen hinter dem ERP System verfolgt. Bei einer Community hat man den Vorteil, dass man sich einbringen kann und eventuell sogar ein bisschen mitbestimmen kann, in welche Richtung die Weiterentwicklung geht. Dafür ist das Risiko wahrscheinlich höher, dass die Community nicht aktiv genug ist und notwendige Weiterentwicklungen nicht vorankommen. Haftung kann man steht nur eine Community hinter dem ERP System komplett ausschließen. Das ist gerade bei ERP Systemen in nicht gerade unwichtiger Nachteil, wenn man an Compliance Anforderungen, fehlerhafte Daten usw. denkt. Service kann man in einer Community meist über das Forum bekommen, hat sich nicht zufällig irgendein anderer Anbieter auf Support für dieses ERP System spezialisiert. Nachteil hierbei ist, man hat keinen Telefonsupport oder ähnlicher, sondern muss warten bis eine Antwort kommt. Vorteil hierbei ist allerdings bei Projekten, hinter denen kein einzelnes Unternehmen steht, dessen Geschäftsmodell Wartungsverträge sind, ist die Community meist auch aktiver. Bei ERP Systemen hinter denen ein einzelnes Unternehmen steht, sieht es so aus, will man de komplett kostenlose Version, also ohne Supportvertrag oder Professional Edition sieht es meist mit Service und Haftung schlecht aus. Dafür zahlt man aber eben auch nichts. Die Weiterentwicklung sollte genauso gesichert sein, wie bei Anbietern von proprietären Systemen, schließlich hat das Unternehmen ja auch ein Interesse daran, dass seine Software weiterhin benutzt wird. Mit Professional Versionen kann man meist eine erweiterte Version bekommen und zusätzlichen einen Wartungsvertrag und man hat eventuell eine kleine Chance auf Haftung, allerdings zahlt man eben auch Lizenzgebühren, was den eigentlichen Vorteil weswegen man das Open Source ERP einsetzt wieder zunichtemacht. Es bleibt festzustellen, der Punkt Weiterentwicklung, Haftung, Service ist sehr entscheidend und man sollte bevor man sich für ein Open Source ERP System entscheidet genau schauen, was man bei diesen Punkten auf einen zukommt.

- Funktionsumfang

Problem vieler Open Source ERP Lösungen ist, so bieten noch keinen so großen Funktionsumfang wie die großen proprietären Systeme. Vielerorts fehlt das Produktionsplanungsmodul und andere Module.

- Bugs/unausgereift

Weiterer Nachteil in vielen Systemen finden sich noch Bugs, bzw. die Lösungen sind teilweise noch unausgereift. Manche Hersteller bieten 24h Bugfixinggarantien, bei denen sie versichern, sollte ein Bug auftreten diesen innerhalb von 24h zu beheben.

- Fehlende Supportgarantie für alte Versionen

Meist sieht es so aus, dass ältere Versionen nicht mehr lange unterstützt werden, sondern nur noch die neuste Version.

- Häufige neu Releases

Es gibt schnellere Releasezyklen als bei den proprietären Systemen. Das ist zum einen notwendig, weil öfters Bugs gefunden werden die ausgebessert werden, zum anderen ist es auch ein Vorteil, da gute Änderungen sofort verfügbar sind, aber auch ein Nachteil, weil das neue Release eingespielt werden muss

- Lastenfähigkeit für Großkonzerne

Es ist unklar, ob die Open Source ERP Systeme auch für Großkonzerne mit erheblich größerem Datenaufkommen geeignet wären.

- Abhängigkeit Community

Ein weiterer Nachteil ist, dass man vielfach von der Community abhängig ist. Wird die Community inaktiv oder steigen wichtige Unternehmen aus der Community aus, fehlt es an Support und wenn hauptsächlich die Community hinter der Weiterentwicklung stand dann auch an der Zukunftsfähigkeit des ERP Systems.

6. Vorstellung ausgewählter Open Source ERP Systeme

In diesem Kapitel werden einige aussichtsreiche ERP Systeme näher beleuchtet. Zuerst werden einige wichtige Kriterien vorgestellt, die bei der Open Source ERP Wahl wichtig sind. Die Auswahl der Systeme die hier vorgestellt werden erfolgte durch positive Testurteile. Jedes der hier vorgestellten Systeme ist in Berichten der iX, der Computerwoche und von anderen Medien mit teilweise positiver Kritik erwähnt worden. [29][30][31][32][33][34][35] Hauptquelle war, weil inhaltlich am gehaltvollsten ein Artikel in der iX in der 6 verschiedene Open Source ERP Systeme verglichen werden.

6.1 Kriterien

Die Auswahl von Open Source ERP Systemen erfordert einige Kriterien zusätzlich zu den schon von proprietären Systemen bekannten:

- Gewisser Bekanntheitsgrad der Software

Wichtig ist, dass das Open Source ERP System, dass man einsetzen will nicht vollkommend exotisch ist. Man muss immer bedenken, nur wenn das Produkt auch andere Nutzer Nutzen kann man Hilfe dazu in Community Foren bekommen. Außerdem, je kleiner der Nutzkreis, desto größer die Wahrscheinlichkeit, dass das Produkt eingestellt wird.

- Produktiver Einsatz, Referenzimplementierung vorhanden

Es sollte auf jeden Fall sichergestellt sein, dass schon andere Firmen das System im produktiven Einsatz haben. Je mehr desto besser, denn gerade bei Open Source ERP Systemen finden sich in den Versionen noch einige Bugs, also je mehr getestet wurde desto besser.

- Aktive Entwicklung/Entwicklergemeinschaft

Nur eine aktive Entwicklung am Produkt sichert die Zukunftsfähigkeit. Es sollte entweder eine sehr aktive Entwicklergemeinschaft hinter dem ERP System der Wahl stehen, die gemeinsam das Projekt voranbringt oder aber eine einzelne Firma, die genug Entwickler beschäftigt.

---

[29] Vgl. http://www.erpsoftware360.com/erp-open-source.htm [25.02.2010]
[30] Vgl. http://www.computerwoche.de/software/erp/1858272/ [25.02.2010]
[31] Vgl. http://blog.taragana.com/index.php/archive/10-best-open-source-erp-software/ [25.02.2010]
[32] Vgl. Dittmann, iX Ausgabe 07/2009, Seite 66
[33] Vgl. http://www.cio.com/article/28813/The_Leading_Open_Source_ERP_Vendors [25.02.2010]
[34] Vgl. http://www.wareprise.com/2008/10/13/latest-list-of-top-open-source-erp-solutions/ [25.02.2010]
[35] Vgl. http://www.metas.de/home/news-singleview/datum/2008/01/24/adempiere-erp-auf-platz-1-der-open source-erp-loesungen.html [25.02.2010]

21

- Aktive Anwendergemeinschaft

Ohne aktive Community muss man entweder mehr Geld für Supportverträge ausgeben, oder aber was noch schlimmer wäre wenn es keine Supportangebote gibt man steht komplett ohne Hilfe da. Deswegen sollte man schauen, wie schnell in den Community Foren auf Fragen geantwortet wird und wie rege die Teilnahme dort ist.

- Abdeckung der Standardgeschäftsprozesse

Natürlich sind die benötigten Geschäftsprozesse unternehmensspezifisch je nach Anforderungen festzulegen. Man darf allerdings von jedem Open Source ERP System erwarten, die Standardgeschäftsprozesse wie einen einfachen Vertriebsauftrag, eine auftragsbezogene Bestellung sowie einen Fertigungsauftrag zur Lagerbefüllung abzubilden.

- Schnittstellen

Man sollte auc auf Schnittstellen in Form von Schnittstellen in Form von XML-RPC, SOAP oder komplette Webservices, mit denen sich das System in eine bestehende Infrastruktur einbetten lässt achten.

- Geschäftsmodell Anbieter

Wichtig ist auch darauf zu achten, falls ein einzelner Anbieter hinter der Entwicklung des Open Source ERP Systems steht, darauf zu achten, was sein Geschäftsmodell ist. Verdient er sein Geld mit kostenpflichtigem Support, wird er den Austausch in der Community zu Problemen nicht besonders fördern. Allerdings hat man dann immerhin die Alternative, wenn zu wenig Support aus der Community kommt, noch nachträglich den kostenpflichtigen zu kaufen. Das gilt auch für Anbieter von erweiterten Professional Versionen, sollte man bemerken man braucht doch mehr Funktionalität könnte man hier noch im Nachhinein wechseln. Risiko wäre allerdings, dass die kostenlose Community Version nicht genug beachtet wird, bzw. dass man versucht die Nutzer langfristig zur Professional Version zu drängen.36

---

36 Vgl. Dittmann, iX Ausgabe 07/2009, Seite 66

6.2 Compiere

Das erste hier vorgestellte System soll Compiere sein. Compiere ist sozusagen der Klassiker unter den Open Source ERP Systemen. Bereits seit 1999 gibt es Compiere und dementsprechend professionell ist Auftreten und Umfang. Hinter Compiere steht die Compiere Inc., deren Geschäftsmodell der Verkauf von Professional Versionen mit erweitertem Umfang sowie Support und SaaS ist. Für Compiere gibt es Referenzinstallationen in Deutschland und mehrere Success-Storys sind auf der Compiere Website zu finden. Auch größere Unternehmen mit über 1000 Mitarbeitern werden von Compiere als Kunden genannt. Die Community Version ist kostenlos unter Sourceforge downloadbar. Ein Manko ist allerdings die mangelnde Unterstützung von Open Source Datenbanken, so wird im Moment nur Oracle unterstützt. Ein negativer Punkt ist, dass das Deutsche Community Forum die in letzter Zeit wenig Beiträge verzeichnet Alle wichtigen Standardgeschäftsprozesse sind vorhanden (Fertigungsabwicklung in Community Version nur rudimentär).[37][38]

Übersicht Compiere:

Projekt	Compiere
Website	www.compiere.com
Entstehungsjahr	1999
Lizenz	GPL v.2 / Prof. Edition teilweise proprietär
Programmiersprache	Java
Server-OS	Linux, Windows
Client-OS	Linux, Windows, Browser (ab Professional-Version)
Datenbanken	Oracle, in Community Edition auch Oracle XE
Projektentwickler gesamt, davon Hauptentwickler / Projektleads	74/3
Foreneinträge gesamt / davon deutsch	31.000/1400
Auftragsabwicklung	ja
Fertigung	ja, erweitertes Angebot ab Prof. Edition
Beschaffung	ja
Materialwirtschaft	ja

---

[37] Vgl. Dittmann, iX Ausgabe 07/2009, Seite 70
[38] Vgl. http://www.computerwoche.de/software/erp/1858272/index3.html [25.02.2010]

Web-GUI	nur für Prof. Edition
Importformate	.csv, .xml
Exportformate	.csv, .html, .xml, .txt, .pdf, .ps, .doc
Herstellersupport	ja[39]

Aussehen:

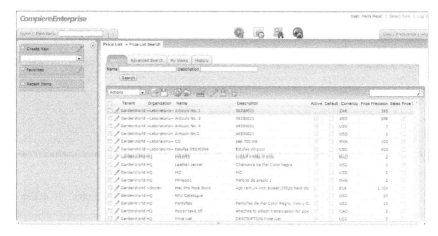

Abb. 26: Screenshot Compiere

Die Oberfläche von Compiere ist übersichtlich, dezent, die Software macht einen guten ersten Eindruck.

Aufgrund der langjährigen Erfahrung, der produktiven Einsätze und der Verbreitung sicherlich eines der ernstzunehmenden Open Source ERP Systeme.

6.3 ADempiere

AdEmpiere ist 2006 als Fork nach Meinungsverschiedenheiten zwischen der Compiere Inc. und der Open Source Community vom Compiere aus Compiere hervorgegangen. Interssant an ADEmpiere ist, dass im Gegensatz zu den meisten Open Source ERP Systemen nicht ein einzelnes Unternehmen die Entwicklung hauptsächlich vorantreibt, sondern dass ADEmpiere mehr Community basiert ist. Es wird versucht nach der im Open Source Bereich bekannten Basar Methode das ERP System weiterzuentwickeln. Es wurden auch schon einige Entwicklungen im Vergleich zu Compiere gemacht, so wird mit Postgre SQL im Gegensatz zu

---

[39] Vgl. Dittmann, iX Ausgabe 07/2009, Seite 66

Compiere auch eine Open Source Datenbank unterstutzt. Auch gibt es kostenlos eine umfangreiche Fertigungsabwicklung, die es bei Compiere nur in der Professional Edition gibt. Mit der ADempiere Deutschland e.V. gibt es einen Verein für Deutschland, der sich vor Allem um die Lokalisierungen kümmert, also der Anpassung auf länderspezifische Kriterien. Ein weiterer Pluspunkt ist, es gibt ein deutsches Referenzunternehmen und eine Entwicklerkonferenz. Die aktive Community rund am das Projekt ist positiv zu erwähnen.[40][41]

Übersicht ADempiere:

Projekt	ADempiere
Website	www.adempiere.com
Entstehungsjahr	2006
Lizenz	GPL v.2
Programmiersprache	Java
Server-OS	Linux, Windows
Client-OS	Linux, Windows, Browser
Datenbanken	Oracle, Oracle XE, PostgreSQL
Projektentwickler gesamt, davon Hauptentwickler / Projektleads	83/9
Foreneinträge gesamt / davon deutsch	28.000/400
Auftragsabwicklung	ja
Fertigung	ja
Beschaffung	ja
Materialwirtschaft	ja
Web-GUI	ja
Importformate	EDI, .csv
Exportformate	DATEV, EDI, .csv, .html, .xml, .pdf
Herstellersupport	nein[42]

---

[40] Vgl. Dittmann, iX Ausgabe 07/2009, Seite 72
[41] Vgl. http://de.wikipedia.org/wiki/ADempiere [22.02.2010]
[42] Vgl. Dittmann, iX Ausgabe 07/2009, Seite 66

Aussehen:

Abb. 27: Screenshot ADempiere

Das Programm macht einen ähnlichen ersten Eindruck wie Compiere, aufgeräumt und übersichtlich.

6.4 Open ERP

Open ERP gibt es bereits seit 2000, damals noch unter dem Namen Tiny ERP. Funktional ist Open ERP gut ausgestattet und enthält alle ERP Grundfunktionen, auch fertigungsprozesse lassen sich abwickeln. Hinter Open ERP steht die belgische Firma Tiny sprl. Zielgruppe sind wie bei den anderen Open Source ERP Systemen auch die kleinen und mittleren Unternehmen. Positiv ist anzumerken, dass die freie Datenbank Postgre SQL unterstützt wird.

Eine produktive Installation in Deutschland ist bekannt. Negativ ist anzumerken, dass die deutschsprachigen Foren nicht gut besucht sind.[43][44]

Übersicht Open ERP:

Projekt	OpenERP / Tiny ERP
Website	www.openerp.com
Entstehungsjahr	2000
Lizenz	GPL v.3 / OEPL 1.1
Programmiersprache	Python
Server-OS	Linux,Windows
Client-OS	Linux, Windows, Browser
Datenbanken	PostgreSQL
Projektentwickler gesamt, davon Hauptentwickler / Projektleads	nicht bekannt
Foreneinträge gesamt / davon deutsch	32.000/300
Auftragsabwicklung	ja
Fertigung	ja
Beschaffung	ja
Materialwirtschaft	ja
Web-GUI	ja
Importformate	.csv
Exportformate	.csv
Herstellersupport	ja[45]

Aussehen:

---

[43] Vgl. Dittmann, iX Ausgabe 07/2009, Seite 68
[44] Vgl. http://de.wikipedia.org/wiki/OpenERP [25.02.2010]
[45] Vgl. Dittmann, iX Ausgabe 07/2009, Seite 66

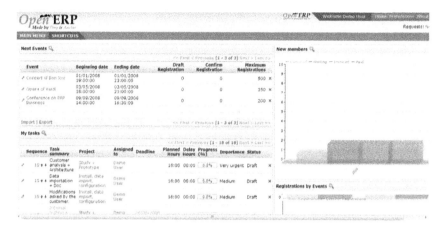

Abb. 28: Screenshot Open ERP

Der erste Eindruck von Open ERP ist auch gut, allerdings könnte man sich bei ADempiere und Compiere etwas besser zurechtfinden.

7. Fazit

7.1 Fazit

- Höchstens 10 für den produktiven Einsatz wirklich in Frage kommende Lösungen
- Viele ERP Open Source Lösungen vorhanden
- Noch weniger Nutzer der Open Source ERP Lösungen
- Auch viele Systeme ohne produktive Nutzer
- Relativ unübersichtlicher Markt
- OS ERP den Mittelstand durchaus eine Alternative
- Stabile, ausgereifte Systeme vorhanden
- Open Source nicht zwangsläufig billiger als proprietäre ERP Systeme
- Fehlende Lokalisierungen
- Fehlende Übersetzungen
- Fehlende Systemhäuser oder Partner für Hosting
- Oft noch Bugs in Releases
- Pioniergeist nötig
- Positiver Trend in Artikeln zu OS ERP

Auch wenn die in Kapitel 6 vorgestellten Open Source ERP Systeme einen recht guten Eindruck machen, so darf man nicht vergessen, dass das schon die besten auf dem Open Source ERP Markt sind. Andere Systeme können teilweise nicht annähernd die Qualität und Verbreitung dieser Systeme erreichen. Die vorgestellten Systeme sind jedoch für den Mittelstand ernstzunehmende Alternativen und es wäre auf jeden Fall denkbar eines dieser Systeme mit in die engere Auswahl beim ERP Auswahlprozess zu nehmen. Natürlich muss bei Open Source ERP Systemen genauso darauf geachtet werden, ob sie die Voraussetzungen eines Unternehmens erfüllen hinsichtlich Umfang und weiterer Kriterien. Auch auf eine Kostenbetrachtung darf nicht verzichtet werden, da die reinen Lizenzkosten nur einen geringen Anteil an den Gesamtkosten des ERP Systems haben, kann es durchaus sein, dass ein Open Source System nach TCO teurer kommt als ein proprietäres System. Natürlich muss man als Unternehmen auch erst recherchieren, ob die nötigen Länderanpassungen für das jeweilige OS ERP System vorhanden sind. Auch die wichtigste Frage, die Klärung von Haftung, Wartung, Weiterentwicklung sollte vorab geklärt sein.

7.2 Schlussworte

Der Open Source ERP Markt ist sicherlich einer der interessantesten überhaupt auf dem Softwaremarkt. Es gibt hier unbestritten ein enormes Entwicklungspotential. Wenn auch sicherlich eher in Maßstäben von mehreren Jahren gesehen. Die Laufzeiten der vorhandenen Systeme und die Wechselkosten sind zu hoch, dass es hier zu einer schnelleren Entwicklung kommen könnte. Zudem müssen sich die vorhandenen Systeme erst noch in mehr Fällen beweisen, dass genug Vertrauen geschöpft wird. Zumal die Kostenvorteile auch nicht exorbitant sind. Wenn dann dürfte es eher zu einer langsamen „Revolution" des ERP Marktes kommen.

8. Literatur- und Quellenverzeichnis

8.1 Literaturverzeichnis

Dorrhauer, Carsten: Business Software

ERP, CRM, EAI, E-Business –

eine Einführung

1.Auflage, Marburg, Tectum Verlag, 2004

Fandel, Günter: ERP – Systeme

Für Industrie-, Handels- und
Dienstleistungsunternehmen

111 ERP Systeme im direkten Vergleich

1. Auflage, Hagen, AIP-Institut GmbH, 2008

Hessler, Martin: Basiswissen ERP-Systeme

1. Auflage, Herdecke, W3L Verlag, 2008

Reibold, Holger: Compiere kompakt

So meistern Sie den Einstieg in das CRM und die ERP
mit dem Klassiker

1. Auflage, bomots Verlag, 2008

Schochert, André: Open-Source-CRM für KMU

Kostenlos oder Kostenfalle?

1. Auflage, Saarbrücken, VDM Verlag, 2008

8.2 Quellenverzeichnis (Internet und Sonstige)

Actuate: Internationale Open Source Umfrage 2009

Actuate

http://www.actuate.com/ger/download/OpenSourceSurvey/OS-
Survey-Germany-09.pdf [Abruf: 22.02.2009]

Dittmann, Holger: Quelloffene Kür

Open-Source-ERP-Systeme im Vergleich

In: iX Ausgabe 07/2009, Seite 66, Heise Zeitschriften Verlag,
2009

Gfaller, Herrmann: Zukunftsoption: ERP auf Basis von

Open-Source-Software

ZDNet.de, CBS Interactive GmbH, 26.03.2007

http://www.zdnet.de/it_business_strategische_planung_zukunft
soption_erp_auf_basis_von_open_source_software_story-
11000015-39152584-1.htm [Abruf: 11.01.2010]

Gottwald, Michael: ERP Trends im Zeichen der Krise

In: Computerwoche Ausgabe 20/21 Seite 12, IDG Business
Media GmbH, 15.05.2009

Hoffmann, Daniela: Open-Source-Tools für ERP

In: Computerwoche, IDG Business Media GmbH,

09.12.2009

http://www.computerwoche.de/mittelstand/1902903
[Abruf: 11.01.2010]

RAAD Research: Flächendeckender ERP Einsatz im Mittelstand

In: Computerwoche, IDG Business Media GmbH,

15.12.2009

http://www.computerwoche.de/software/erp/1913089   [Abruf:
11.01.2010]

Stoy, Guido: Pro und contra Open-Source-ERP

In: Computerwoche, IDG Business Media GmbH,

29.03.2005

http://www.computerwoche.de/software/erp/554984   [Abruf:
11.01.2010]

Wikipedia DE: Enterprise Resource Plannung

Wikimedia Foundation Inc.,

Bearbeitungsstand 11.01.2010

http://de.wikipedia.org/wiki/Enterprise_Resource_Planning
[Abruf: 11.01.2010]

Wikipedia DE: Open Source

Wikimedia Foundation Inc.,

Bearbeitungsstand 06.01.2010

http://de.wikipedia.org/wiki/Open_Source [Abruf: 11.01.2010]

Wikipedia EN: Adempiere

Wikimedia Foundation Inc.,

Bearbeitungsstand 17.09.2009

http://en.wikipedia.org/wiki/Adempiere [Abruf: 12.01.2010]

Wikipedia EN: Compiere

Wikimedia Foundation Inc.,

Bearbeitungsstand 07.01.2010

http://en.wikipedia.org/wiki/Compiere [Abruf: 12.01.2010]

Wikipedia EN: ERP5

Wikimedia Foundation Inc.,

Bearbeitungsstand 24.11.2009

http://en.wikipedia.org/wiki/ERP5

[Abruf: 12.01.2010]

Wikipedia EN: JFire

Wikimedia Foundation Inc.,

Bearbeitungsstand 10.12.2009

http://en.wikipedia.org/wiki/JFire

[Abruf: 12.01.2010]

Wikipedia EN: List of ERP Software Packages

Wikimedia Foundation Inc.,

Bearbeitungsstand 12.01.2010

http://en.wikipedia.org/wiki/List_of_ERP_software_packages
[Abruf: 12.01.2010]

Wikipedia EN: Openbravo

                 Wikimedia Foundation Inc.,

                 Bearbeitungsstand 23.12.2009

                 http://en.wikipedia.org/wiki/Openbravo [Abruf: 12.01.2010]

Wikipedia EN: OpenERP

                 Wikimedia Foundation Inc.,

                 Bearbeitungsstand 29.12.2009

                 http://en.wikipedia.org/wiki/OpenERP [Abruf: 12.01.2010]

Wyllie, Diego: Marktübersicht: Quelloffene ERP-Lösungen in Java

                 In: Computerwoche, IDG Business Media GmbH,

                 18.03.2008

                 http://www.computerwoche.de/software/erp/1858272   [Abruf: 11.01.2010]

8.3 Abbildungen

Abb. 1: http://en.wikipedia.org/wiki/File:Opensource.svg, [14.01.2010]

Abb. 2: Internationale Open Source Umfrage, Actuate S.5

       http://www.actuate.com/ger/download/OpenSourceSurvey/OS-Survey-Germany-09.pdf [22.02.2010]

Abb. 3: Internationale Open Source Umfrage, Actuate S.16

       http://www.actuate.com/ger/download/OpenSourceSurvey/OS-Survey-Germany-09.pdf [22.02.2010]

Abb. 4: Internationale Open Source Umfrage, Actuate S.18

       http://www.actuate.com/ger/download/OpenSourceSurvey/OS-Survey-Germany-09.pdf [22.02.2010]

Abb. 5: Internationale Open Source Umfrage, Actuate S.18

       http://www.actuate.com/ger/download/OpenSourceSurvey/OS-Survey-Germany-09.pdf [22.02.2010]

Abb. 6: Internationale Open Source Umfrage, Actuate S.15

http://www.actuate.com/ger/download/OpenSourceSurvey/OS-Survey-Germany-09.pdf [22.02.2010]

Abb. 7: Internationale Open Source Umfrage, Actuate S.20

http://www.actuate.com/ger/download/OpenSourceSurvey/OS-Survey-Germany-09.pdf [22.02.2010]

Abb. 8: http://www.computerwoche.de/_misc/img/detail800.cfm?pk=495870&fk=1901622-media [25.02.2010]

Abb. 9: http://www.unit4agresso.com/files/IDCreport_2006vendor_Shares.pdf, Seite 5 [01.12.2009]

Abb. 10: http://www.compiere.com/images/logo.png, [07.12.2008]

Abb. 11: http://www.adempiere.de/typo3temp/pics/a6a6279f36.jpg [25.02.2010]

Abb. 12: http://www.openbravo.com/img-corp/logotypes/ob-logo.gif [25.02.2010]

Abb. 13: http://www.openerp.com/templates/tiny/images/openlogo.jpg [22.02.2010]

Abb. 14: http://en.wikipedia.org/wiki/File:Opentaps_logo_tall.png [25.02.2010]

Abb. 15: http://www.erp5.com/yuna_img/title_enterprise.png [25.02.2010]

Abb. 16: http://ofbiz.apache.org/images/logo.gif [25.02.2010]

Abb. 17: http://en.wikipedia.org/wiki/File:Tryton_banner.svg [25.02.2010]

Abb. 18: http://en.wikipedia.org/wiki/File:Jfire-logo-250x84.jpg [25.02.2010]

Abb. 19: http://www.sql-ledger.org/images/sql-ledger.gif [25.02.2010]

Abb. 20: http://www.weberp.org/images/webERPlogo.gif [25.02.2010]

Abb. 21: http://www.xtuple.com/sites/default/files/xTuple_com_logo.jpg [25.02.2010]

Abb. 22: http://www.lx-office.org/uploads/pics/logo_02.gif [25.02.2010]

Abb. 23: http://www.project-open.com/images/logos/po_bridging_sm_fr.jpg [25.02.2010]

Abb. 24: http://www.opensuite.com/themes/opensuite/logo.png [25.02.2010]

Abb. 25: http://www.openpro.com/images/logos/logo.gif [25.02.2010]

Abb. 28: Screenshot lokaler Rechner

Abb. 27: http://www.adempiere.de/typo3temp/pics/453d60ea89.png [25.02.2010]

Abb. 28: Screenshot lokaler Rechner